Mosaik
bei GOLDMANN

Buch

»Mutter wird man leichter als Brautmutter«, stellt Ilene Beckermann während der Hochzeit ihrer ersten Tochter fest. Pointiert, mit heiterer Melancholie und viel Humor erzählt sie in diesem Buch von den Hoffnungen, Träumen, guten Absichten und der herben Realität des Mutterdaseins.
Manche Leserin wird sich in Ilene Beckermans essayistischen Aufzeichnungen wiederfinden, wenn es um Fingerfarben und Ballettröckchen, ein völlig umsonst angeschafftes Klavier und die Suche nach dem perfekten Hochzeitskleid geht. Treffsicher untermalt werden die Geschichten von den eigenen witzigen Illustrationen der Autorin.

Autorin

Ilene Beckermann muss es ja wissen: Sie war mehrfach verheiratet und hat drei Töchter unter die Haube gebracht. 1935 in New York geboren und dort aufgewachsen, leitet sie zusammen mit ihrem Sohn eine Werbeagentur. Sie schrieb unter anderem für die »New York Times«, die »Los Angeles Times« und »People«. 1985 begann ihre Karriere als Schriftstellerin.

Ilene Beckerman

Wenn Töchter erwachsen werden

Nichts ist einfach. Nicht einmal das Glück.

Aus dem Amerikanischen von
Ursula Locke-Gross

Mosaik
bei GOLDMANN

MEINEN TÖCHTERN GEWIDMET

Alle Mütter wollen, dass ihre Töchter heiraten. Die meisten Mütter haben lieber eine mäßig glücklich verheiratete Tochter als eine, die Single und glücklich ist.

Aber so sehr wir uns auch verheiratete Töchter wünschen – keine Frau ahnt, was es heißt, Mutter der Braut zu sein. Ich weiß es. Ich habe drei Töchter unter die Haube gebracht.

Und ehrlich gesagt: Ihre Geburt war leichter.

Die erste Hochzeit, zu der ich je eingeladen wurde, war die meiner Cousine Sally. Ich war zehn. Ich hatte Sally bis dahin nur zweimal gesehen. Sie gehörte zur ungeliebten Seite der Familie. Ich wusste nicht, warum wir eingeladen wurden, aber ich hörte jemanden sagen: »Wenn man eine Cousine zweiten Grades einlädt, muss man alle Cousinen zweiten Grades einladen.«

Die nächste Hochzeit, an die ich mich erinnere, fand in Loews Kino in Manhattan auf der 72. Straße East statt. Es war 1947, und die Wochenschau zeigte, wie Elizabeth II. den Leutnant Philip Mountbatten heiratete.

Vierzig Jahre später, als ich die Hochzeit meiner Tochter vorbereitete, erinnerte ich mich an diesen Filmausschnitt und überlegte, ob Queen Mom sich wohl genauso den Kopf zerbrochen hatte, als ihre älteste Tochter Elizabeth Philip von Griechenland heiratete, wie ich, als meine älteste Tochter Isabelle Steven von Long Island heiratete.

Meine Brautmuttergeschichte beginnt mit der Empfängnis meiner Tochter, die fünf Sekunden dauerte, geht kurz auf meine Schwangerschaft ein, die die üblichen neun Monate dauerte, und endet mit den Hochzeitsvorbereitungen, die ein Jahr dauerten.

Die Empfängnis

Al und ich gingen sofort nach dem Film heim (Marilyn Monroe und Yves Montand in *Machen wir's in Liebe*), teilten uns eine halbe Schachtel Yodels und schliefen miteinander, in der Hoffnung, ein Kind zu machen.

Danach stand ich auf und machte die restlichen Yodels alle.

Danach

Die Schwangerschaft

Ich ging zum Arzt, als meine Periode drei Wochen überfällig war. Der Arzt meinte, ich sei schwanger, aber um sicher zu gehen, machte er einen »Kaninchen-Test«: Er injizierte einem gesunden Kaninchen meinen Urin. Das war 1959 und damals machte man das so.

Als das Testergebnis feststand, war ich froh. Das Kaninchen nicht.

Damals konnte man das Geschlecht eines Babys vor der Geburt nicht feststellen. Ich wollte eine Tochter. Die einzigen Namen, die mir gefielen, waren Pamela, Jessica und Victoria. (Ich sah mir viele Soaps an.)

„Oh, John." „Oh, Jessica."

Von Anfang an wollte ich, dass alles, was meine Tochter betraf, perfekt sei. Ich hörte mir *Ausschnitte aus den größten Symphonien der Welt* an, den Lautsprecher auf meinem Bauch.

Beethovens Fünfte. Mein Erstes.

Ich las keine *Cosmopolitan* mehr, trat dem *Book-of-the-Month*-Club bei und las laut in Richtung Bauch.

Ich ging häufig ins Museum of Modern Art. In der Damentoilette gab es nie eine Warteschlange.

Ich würde die perfekte Mutter sein. Ich hörte auf zu rauchen. Ich trug vernünftige Schuhe mit Fußbett. Ich schluckte Vitaminpillen. Ich kaufte Dr. Spocks *Dein Kind, dein Glück – Säuglings- und Kinderpflege* in der gebundenen Ausgabe.

Ich würde meiner Tochter all die mütterliche Fürsorge geben, die ich vermisst hatte, weil meine Mutter gestorben war, als ich noch jung war. Als sie noch jung war.

Ich würde die Mutter sein, die ich mir immer gewünscht hatte – liebevoll, verständnisvoll, optimistisch, lustig. Meine Tochter würde so glücklich sein.

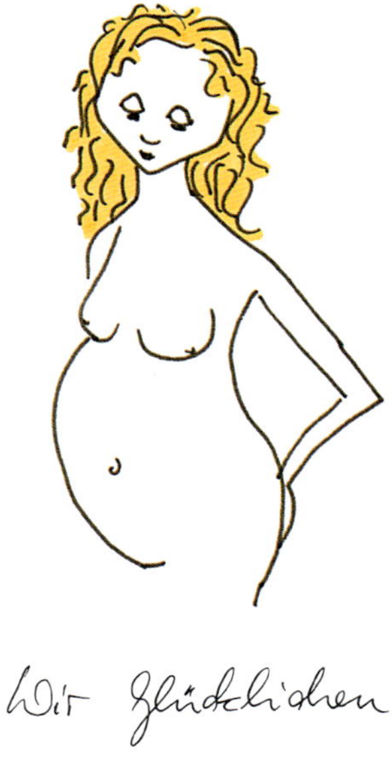

Sie würde die Tochter sein, die ich immer sein wollte – brillant, künstlerisch begabt, schön, schlank. Ich würde so glücklich sein.

Wir hatten beide solches Glück.

Am 27. Mai 1960 brachte ich ein Mädchen zur Welt.

Jedes Baby ist ein Wunder. Jedes Baby ist wunderschön. Meine Tochter übertraf alles.

Viele Jahre später stürzte meine Tochter eines Freitagabends um elf Uhr zur Tür herein. »Mom!«, schrie sie und streckte ihre linke Hand in die Luft, »sieh mal!«

Ich sah einen Ring, den man bedenkenlos in der U-Bahn tragen könnte.

»Ich bin verlobt!«, kreischte sie und rannte zum Telefon.

Ich fing an zu grübeln. All die Ballett- und Klavierstunden. Der Kieferorthopäde und der Dermatologe. Das schicke Sommerlager, das Reitstunden angeboten hatte. Ihr Jahr in Europa. MasterCards und Visas. Bloomingdale's und Saks. Schränkeweise Schuhe.

Ich grübelte. Mein zukünftiger Schwiegersohn. Er war groß. Ja, er hatte schönes Haar. War er gut genug für sie? Wie hätte er es sein können?

Die Nachricht wird verbreitet

Ich dachte an all die Märchen, die ich meiner Tochter vorgelesen hatte, als sie noch klein war – Aschenputtel, Schneewittchen, Dornröschen. Immer gab es einen Märchenprinzen.

Ich erinnerte mich, was ich über den Herzog von Windsor gelesen hatte, der 1936 für Wallis Simpson auf den Thron verzichtete. Er sagte: »Es war mir unmöglich, der schweren Bürde der Verantwortung und meinen Pflichten als König ohne die Hilfe und Unterstützung der Frau nachzukommen, die ich liebe.«

Es war sogar noch romantischer als ein Märchen.

Ich fragte mich, was Wallis hatte, das meine Tochter nicht hatte.

Wallis

Ich hatte immer gehofft, meine Tochter würde einen Mann heiraten, der irgendwelche Titel hinter seinem Namen trug.

Maxwell Harris, M.D., D.D.S., Ph.D., L.L.D.

Oder römische Zahlen.

Bradford Dudley Buxton III

Oder einen, der aussah wie Warren Beatty in *Träume zerrinnen wie Sand*.

Ich fragte meine Tochter, wovon sie und ihr Verlobter leben wollten.

Meine Großmutter hatte mich dasselbe gefragt, als ich mich verlobte.

Ich stellte fest, dass es das Gleiche war, ob man eine Hochzeit organisierte oder eine Show in einem Dinner-Theater in New Jersey.

Für beides braucht man ein Skript, Stars, ein kooperatives Ensemble und ein größeres Budget. Beide Veranstaltungen müssen den Kritikern gefallen.

Frank Rich und John Simon sind nichts im Vergleich zu meiner Cousine Esther von Fort Lauderdale und Sarah, der Tante meines Mannes aus Brooklyn.

Meine Tochter kaufte einen Hochzeitsplaner. Sie las jedes einzelne Wort. Jeden Tag.

Sie wollte alle Hochzeitsbräuche befolgen. Auch die neuen.

Unwichtige Dinge wurden wichtig. Blaue oder schwarze Tinte für die Einladungen? Briefmarken mit Turteltauben oder mit Herzen? Und wie die Servietten falten?

Meine Tochter schaute in ihrem Buch nach. Ich überlegte, für welche Briefmarken sich Jacqueline Kennedy entschieden hätte.

Ich ging nirgendwohin ohne Listen, Zeit- und Budget-Pläne. Alles war entscheidend. Alles war dringlich. Alles kostete zu viel.

Gab es tatsächlich einmal eine Zeit, in der eine Braut nur eins brauchte – einen Vater mit einer Kuh?

Die Mitgift

Ich lud die Eltern des Bräutigams nicht zu uns ein; wir brauchten eine neue Couch. Stattdessen trafen wir uns in einem Restaurant. Ich fühlte mich sicher. Ich trug Beige.

»Sie haben einen so wundervollen Sohn«, sagte ich zu seiner Mutter. Würden meine Enkel aussehen wie sie? dachte ich.

Seine Mutter setzte dazu an, irgendetwas zur Hochzeit zu sagen, hörte aber mitten im Satz auf. Ihr Sohn hatte sie mit einem Blick angesehen, der mir bekannt vorkam. Meine Tochter sah mich häufig so an.

Plötzlich mochte ich sie.

Als meine Tochter dann aber anfing, sich mit ihrer zukünftigen Schwiegermutter anzufreunden, sie häufiger anrief als mich und sie häufiger um ihre Meinung fragte als mich, überlegte ich es mir anders.

Selbst König Salomon wusste, dass man nicht zwei Mütter haben kann.

Die Mutter des Bräutigams wollte, dass die Hochzeit in ihrer Nähe stattfand, um ihren Freunden keine Umstände zu machen. Ich wollte, dass sie in unserer Nähe stattfand, um meinen Freunden keine Umstände zu machen. Als Kompromiss wählten wir einen Ort in der Mitte. Auf diese Weise war es für alle umständlich.

Schwiegermütter

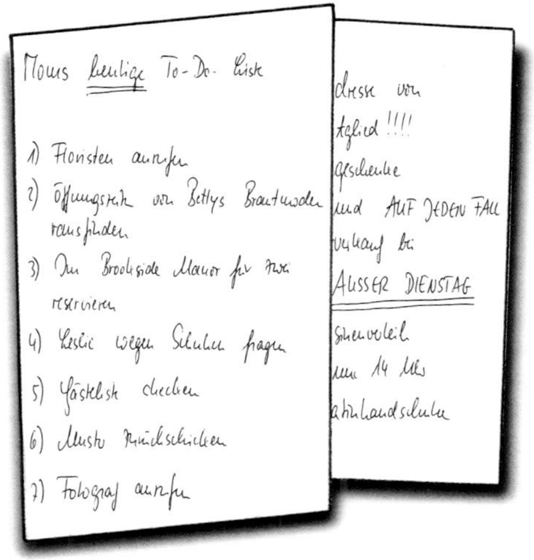

Meine Tochter sagte, sie wolle eine schlichte Hochzeit, und übergab mir eine Liste von Dingen, die ich erledigen sollte. Innerhalb der nächsten Tage ergänzte sie die Liste. Weitere Tage vergingen. Weitere Listen folgten. Ich kaufte mir ein 5 cm dickes Ringbuch.

Nach einer Woche hörte ich, wie sie einer Freundin sagte: »Meine Mutter macht mich verrückt. Ich brauche eine Hochzeitsberaterin.«

Meine Tochter trieb Deirdre auf, die perfekte Hochzeitsberaterin.

Hochzeitsberater rechnen sich alles als Verdienst an, was gelingt. Ich fühle mich für alles verantwortlich, was misslingt. Ich überlege mir immer, was ich falsch gemacht habe.

Ich lernte nie, die Schuld auf meine Mutter zu schieben. Man erwartet das von einem. In jedem Psychologiebuch steht: »Die Ursache Ihrer Probleme ist Ihre Mutter.«

Es klingt vernünftig. Jeder hat eine Mutter.

Was habe ich heute falsch gemacht?

Deirdre hatte für jedes Problem eine kreative Lösung, sogar für den Fall, dass es bei einem Empfang im Freien regnete. »Ein seidenes marokkanisches Zelt, kostet nur 10 000 Dollar! Ist das nicht sagenhaft!« Deirdres Sätze endeten alle mit einem Ausrufungszeichen!

Ich glaube, meine Tochter hätte als Teenager lieber eine Hochzeitsberaterin zur Mutter gehabt. Jemand, dessen pastellfarbener Dior-Schal auch dann nicht von den Schultern rutscht, wenn er nicht verknotet ist, und dessen Haar auch ohne Haarspray nicht am Kopf klebt.

Jemand, der sich nie aufregt und nie eine Laufmasche hat.

Die Beraterin

Deirdre sagte meiner Tochter, dass sie spät dran sei, wenn sie eigens entworfene Hochzeitsanzeigen in Auftrag geben wolle.

Komisch. Ich wollte solche Anzeigen, als meine Tochter geboren wurde, aber ich war zu spät dran. Ich entschied mich für Anzeigen von Woolworth. Ich wählte welche, die oben eine rosa Schleife hatten, die fast echt aussah, und beschrieb sie mit rosa Tinte, die ich in einem Geschäft für Künstlerbedarf fand.

Die Anzeigen waren in Achterpacks gebündelt. Ich kaufte drei Packs und sechs Karten blieben übrig.

Meine Tochter benötigte für ihre Hochzeit 400 Anzeigen. Das Wort *Krönungsfeier* ging mir durch den Kopf.

Wir freuen uns über die Geburt von

Name ______________________________

Datum ______________________________

Gewicht ______________________________

Die glücklichen Eltern

____

Deirdre schlug vor, ein Monogramm auf die Einladungen zu setzen. Ich hatte immer gedacht, Monogramme seien nur etwas für reiche Leute. Meine reiche Großtante Ethel hatte sich ins Futter ihres Persianers ein Monogramm sticken lassen. Der einzige Grund, weshalb sie nicht zur Hochzeit eingeladen wurde, war, dass sie tot war.

Ich wüsste gern, was aus ihrem Persianer geworden ist.

Großtante Ethel

Die Abfassung der Hochzeitseinladungen stellte uns vor einige Probleme. Ich befürchtete schon, dass Deirdre den Rat eines weiteren Experten zuziehen würde.

Als meine Tochter noch klein war, glaubte ich an Experten. Dr. Spocks *Säuglings- und Kinderpflege* war meine Bibel. So aufbauend, so *laissez-faire*. »Vertrauen Sie auf sich selbst«, begann es. »Sie wissen mehr, als Sie denken.«

Jahre später las ich irgendwo, dass seine dominierende Mutter Mildred die einzige Person gewesen sei, der Dr. Spock je wirklich vertraute.
Ich verließ mich nicht nur auf Dr. Spock. Ich las die Bücher eines anderen Experten, Haim G. Ginott. Er riet, bei einem Fehler nicht der Person, sondern dem Geschehen die Schuld zu geben. Wenn Ihr Kind also die Milch verschüttet, sagen Sie: »Ich bin wütend, wenn Milch verschüttet wird. Lass es uns aufwischen.«

Sagen Sie niemals: »Andauernd verschüttest du die Milch. Du bist genauso ungeschickt wie dein Vater.«

Als meine Tochter dann in die Schule ging, hatte ich aufgehört, Bücher über Kinderpsychologie zu lesen. Ich war zu beschäftigt damit, Mutter zu sein.

In allen Elternbüchern stand: »Drängen Sie nie Ihren Rat auf.« Aber wer sonst als eine Mutter kann ihrer Tochter sagen, dass sie unter diesem Kleid einen Slip anziehen muss?

Eines Nachmittags fahndete ich nach einer Schachtel mit Erinnerungsstücken, die ich für meine Tochter aufgehoben hatte. Ich fand sie ganz hinten in meinem Schrank, nahm sie herunter und schaute mir die Sachen an.

Ich fand Zeugnisse, das Zertifikat einer Tanzschule, einen Babyzahn, eine Locke blonden Haars und eine Reihe selbst gebastelter Valentinskarten. Ich fand auch einen Brief, den mir meine Tochter aus einem Sommercamp geschrieben hatte.

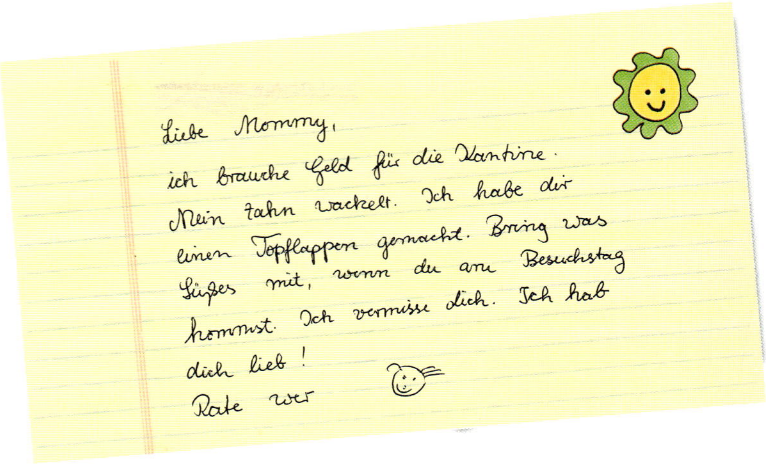
Liebe Mommy,
ich brauche Geld für die Kantine.
Mein Zahn wackelt. Ich habe dir
einen Topflappen gemacht. Bring was
Süßes mit, wenn du am Besuchstag
kommst. Ich vermisse dich. Ich hab
dich lieb!
Rate wer

Und einen Geburtstagsbrief, den sie mir vom College aus schickte.

Liebe Mom,

ich verspreche, mich um dich zu kümmern,
wenn du mal richtig alt bist. Ich koche
dir Brei mit Backpflaumen, ich kaufe
dir eine schönes Glas für deine Zähne,
ich lasse dich beim Rommé gewinnen.

Herzlichen Glückwunsch!

Alles Liebe und tausend Küsse

Deine 1. Tochter.

Die Jahre zwischen »Liebe Mommy« und »Liebe Mom« waren so schnell vergangen.

Es kam mir vor, als sei es erst gestern gewesen, dass sie auf meinem Schoß saß und sich auf unserem Schwarzweißfernseher Miss Barbara in *Romper Room*, Käpt'n Kangaroo und Mr. Rogers ansah.

Der Käpt'n

Mr. Rogers

Als sie laufen lernte, kaufte ich ihr ein Dreirad. Als sie auf dem Dreirad fahren konnte, kaufte ich ihr einen Roller.

Ich ahnte nicht, wie schnell sie erwachsen werden würde.

Ich wünschte, ich könnte die Zeit zurückdrehen, ihr hübsche Haarschleifen und Haarspangen kaufen, ihr SpaghettiOs zum Mittagessen kochen oder mit ihr wetten, wer, ohne Luft zu holen, am längsten schreien konnte, wenn wir durch den Lincoln-Tunnel fuhren.

Meine Tochter sagt schon lange nicht mehr Mommy zu mir. Aber noch heute drehe ich mich jedes Mal um, wenn ich höre, wie ein Kind im Supermarkt »Mommy« sagt.

SpaghettiOs

Ich habe so viele Erinnerungen.

Wie sie an ihrem ersten Tag im Kindergarten weinend an meinem Rock hing und mich nicht loslassen wollte.

Wie sie auf einem Küchenstuhl stand und jeden Song von A bis Z sang, der bei der Aufführung der dritten Klasse vorkam, auf der Bühne aber vor lauter Schüchternheit den Mund nicht aufbrachte.

Ihre ewig verpflasterten Knie.

Ich erinnere mich, wie ich ihr Tanzen beibrachte. Ihre kleinen Füße auf meinen großen foxtrotteten und sangen wir zu Frank Sinatras und Sammy Davis' Jr. »Me and My Shadow«.

Als meine Tochter noch klein war, dachte sie, ich wisse alle Antworten. Sie dachte, ich sei allmächtig. Sie dachte, ich sei einfach wunderbar. Auch ihre Freundinnen dachten das. Sie kamen gern zu uns.

Sie durften mit Fingerfarben malen. Sie durften Yodels essen.

Fingerfarben

»Du kannst alles werden, was du willst«, pflegte ich meiner Tochter zu sagen.

Ich kaufte ihr ein Ärzteset von Playskool und war hingebungsvoll ihre erste Patientin.

Ich zeigte ihr, wie man Wolkenkratzer aus Legosteinen baut.

Picasso hatte als Kind garantiert nicht mehr Farbstifte oder Plakatfarben.

Picassos Selbstporträt?

Selbstporträt meiner Tochter!

Wir kauften ihr bei Macy's ein Klavier. Es dauerte drei Jahre, die Raten abzuzahlen. Klavierstunden nahm sie nur zwei Jahre.

Jedes Frühjahr kaufte ich ihr ein neues Pailletten-Tutu für ihren Auftritt bei der Ballettschule.

Jahre später sagte ich ständig zu ihr: »Putz dein Zimmer, mach deine Hausaufgaben, lass dein Geschirr nicht im Spülbecken.«

Die Wirklichkeit hatte meine Träume eingeholt.

Als meine Tochter zwei oder drei Jahre alt war, warf sie sich auf den Boden und schrie, wenn sie nicht bekam, was sie wollte.

Als sie älter wurde, schmollte sie. Geschrei ist mir lieber als Schweigen.

Es war alles so einfach, als meine Tochter noch klein war. Obwohl ich es damals nicht so sah.

Wann genau hat sich das alles verändert? Als sie in der Junior Highschool war und damit anfing, im Einkaufszentrum herumzuhängen? Wenn wir zusammen dort einkaufen gingen, wollte sie nicht, dass ich sie an der Hand hielt. »Meine Freundinnen könnten es sehen«, sagte sie.

Aber zu Hause kletterte sie zu mir ins Bett und bat mich, sie am Rücken zu kraulen, während wir uns *Denver Clan* ansahen.

Die Highschool-Zeit war nicht einfach – weder für sie noch für mich. Sie beklagte sich, dass sie nichts zum Anziehen habe. Ich beklagte mich über ihre Freunde.

Sie stöhnte, dass ihre Brüste zu groß und ihre Haare zu dünn seien. »Ich hab all deine Gene geerbt«, sagte sie mir. All ihre Freundinnen, sagte sie, hätten eine fantastische Figur, fantastische Haare und fantastische Mütter. Ich stöhnte über ihre Lerngewohnheiten.

Sie sagte, dass sie nur von netten Jungen eingeladen werde, dass nette Jungen langweilig seien, und verkündete, dass sie nie einen netten Jungen heiraten werde. Ich verkündete, dass sie bei den Klassenbällen in Jersey nicht dort übernachten dürfe.

Sie sagte mir, dass ich nur eins tue: sie zu kritisieren. Sogar wenn ich überhaupt nichts sage.

Wenn Sie eine Frau im Supermarkt sehen, die durchdreht, können Sie Gift drauf nehmen, dass es die Mutter einer Zweijährigen oder eines Teenagers ist.

Im Supermarkt

Wenn ich als Kind etwas anstellte, was meine Großmutter wirklich aus dem Häuschen brachte, drohte sie mir mit dem Finger und sagte: »Ich bete zu Gott, dass du einmal Kinder bekommst, die genau so sind wie du.«

Gott hat ihre Gebete erhört.

Großmutter

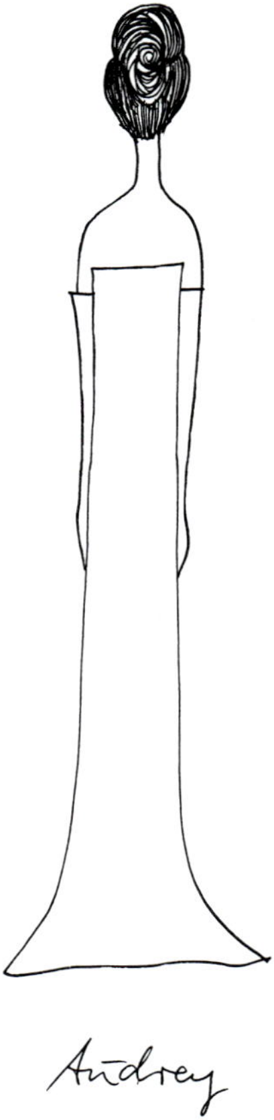

Ich hatte nie ein Brautkleid. Wenn ich eins gehabt hätte, wäre es ein romantisches Kleid gewesen – mit Glitzer, Satinrosen, Perlenstickerei und Spitzeneinsätzen.

Wie die meisten Bräute wollte meine Tochter aussehen wie Audrey Hepburn. Die Brautkleider, die ihr gefielen, sahen aus wie Slips.

Meine Tochter und ich kauften uns unabhängig voneinander jedes Brautmagazin. Jedes enthielt dieselben Kleider und fast dieselben Artikel. Wir telefonierten und verglichen, was wir ausgesucht hatten.

»Hast du das Priscilla of Boston-Kleid mit dem vorgetäuschten herzförmigen Ausschnitt?«, fragte ich.

»Nein. Schau mal nach dem Vera Wang-Kleid mit der verlängerten Taille und dem Spitzentop mit U-Boot-Ausschnitt.«

Es erinnerte mich an den Sommer, als sie sieben war und die Windpocken hatte. Wir spielten ununterbrochen Go Fish.

»Hast du Karo?«, fragte ich.

»Go Fish. Hast du Herz?«, antwortete sie.

Wir gingen zu einer Brautmodenschau bei Bloomingdale's. Die Models waren sehr groß, sehr dünn und sehr flach. Sie sahen aus wie Salzstängel.

Ich sah mich flüchtig in einem Spiegel.
Ich sah aus wie eine Dampfnudel.

Ich wollte, dass meine Tochter an ihrem Hochzeitstag stolz auf mich sei. Ich kaufte einen Body und ein Jane Fonda-Gymnastikvideo. Ich habe es mir nur einmal angeschaut. Es war zu deprimierend.

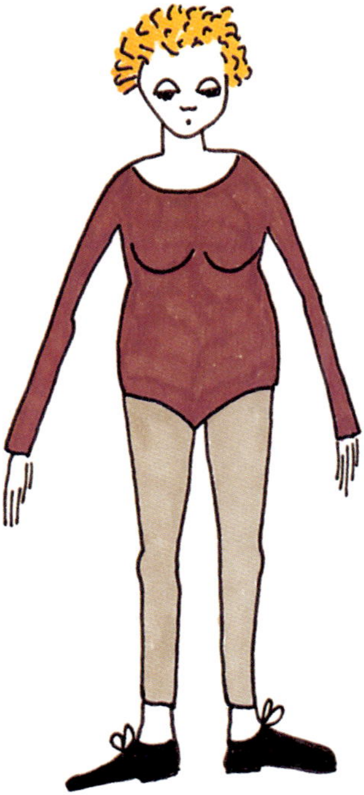

Zu spät für Jane

Ich aß nichts mehr, was gut schmeckte. Aber ich war glücklich. Ich verbrachte so viel Zeit mit meiner Tochter wie seit Jahren nicht mehr.

glücklich

Ich hatte noch nie zuvor ein Brautkleid gekauft.

Ich war der Meinung, dass *peau de soie* etwas ist, was Julia Child macht. Dass Swarovski-Kristalle die Gallensteine reicher Leute sind. Dass *charmeuse* jemand ist, der wie Edith Piaf singt. Und Alençon-Spitze ein Käse, den man essen darf, wenn man einen hohen Cholesterinspiegel hat.

Meine Tochter probierte ein Kleid an, das aus fünfzig Meter Wildseide bestand. Sie versank darin. Sie probierte ein Futteral an, das mit fünfzig Pfund Perlmuttstiften bestickt war. Sie kippte beinahe vornüber.

In einem waren wir uns einig: hinten keine Schleifen.

Hinten keine Schleifen

Als ich meiner erwachsenen Tochter zusah, wie sie Brautkleider anprobierte, sah ich immer noch das Kind.

Erinnerungen an frühere Zeiten, an andere Umkleidekabinen stiegen auf. Ich war ausnahmslos der Meinung, dass sie in allem wunderschön aussah. Sie fand das nie.

Einkaufen

»Red nicht so laut«, sagte sie normalerweise,
»wenn man dich hört…«

»Und was würde man hören?
Dass du großartig darin aussiehst?«

»Mom, es macht mich dick!«

Und hier waren wir nun, Jahre später. Die Verkäuferin streifte ihr ein diagonal geschnittenes Brautkleid aus Satin über.

»Du siehst großartig darin aus«, sagte ich.

»Es macht mich dick«, sagte sie.

Die Verkäuferin kam und ging mit Armen voller Brautkleidern. Meine Tochter warf nur einen Blick drauf und schüttelte den Kopf.

»Probier sie doch wenigstens an«, sagte ich. »Vielleicht gefällt dir ja eines.«

Ich sagte das immer, wenn wir einkaufen gingen. Wir führten dauernd dasselbe Gespräch.

Ich sagte :

»Darum. Weil ich deine Mutter bin.«
»Tu dir die Haare aus dem Gesicht.«
»Halt dich gerade.«
»Du hast so viele Kleider.
Warum ziehst du ausgerechnet
das an?«
»Hör auf mit dem Nägelkauen.«
»Kratz nicht an deinen Pickeln
herum.«
»Ruf mich an, wenn du da bist.«

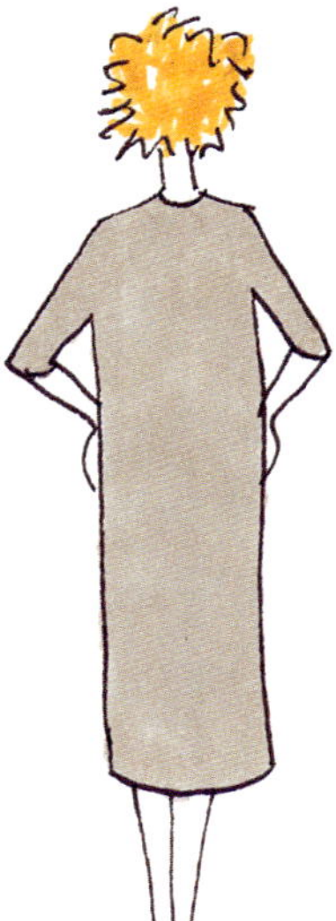

Sie sagte :

»Alle meine Freundinnen dürfen hin.«
»Du verstehst das nicht.«
»Ich will dir nicht immer alles erzählen.«
»Das ist typisch für dich.«
»Es ist nicht fair.«
»Du ruinierst mein Leben.«
»Mom, lass mich in Ruhe.«

Die Abteilung für Brautkleider war im siebten Stock. Eine Frau und ein kleines Mädchen stiegen im fünften Stock in den Aufzug zu. Die Brille der Frau war an einer Seite mit Klebeband umwickelt, ihre Färbung war herausgewachsen und ihre braunen Slipper hatten eine ganze Reihe von Regentagen gesehen. Die Kleine hörte nicht auf zu nerven: »Ich will was zum Spielen. Ich will was zum Spielen.«

Am liebsten hätte ich mich vorgebeugt und der Frau gesagt, dass dies ihre glücklichsten Jahre sind.

An diesem Abend saß ich mit einer Cola Light und der Fülle meiner mittleren Jahre in der Küche. Meine Tochter hatte nicht angerufen, um unser allabendliches Hochzeitsgespräch zu führen, also rief ich sie an: »Bist du mir noch böse?«, fragte ich. Ich hatte sie bei Vera Wang's blamiert. Dabei hatte ich nur gesagt: »Ist sie nicht die schönste Braut, die Sie je gesehen haben?« Unsere Verkäuferin war nicht einmal Vera Wang.

Einige Wochen und ein Dutzend Geschäfte später fand sie ein Kleid, das ihr gefiel. Ich hatte nicht mehr daran geglaubt. Aber als sie drei war, hatte ich auch nicht mehr daran geglaubt, dass sie je sauber würde.

Wieder mal sauer auf mich

Ich verstand nichts von Braut-Accessoires, aber ich hatte so meine Überzeugungen.

Ava Gardner trug einen Hut, als sie 1942 Mickey Rooney heiratete. Sie ließen sich scheiden.

Rita Hayworth trug einen Hut, als sie 1943 Orson Welles heiratete. Sie ließen sich scheiden. Ebenso, als sie 1949 Ali Khan heiratete. Sie ließen sich scheiden. Und 1953 mit Dick Haymes – sie ließen sich scheiden.

Janet Leigh trug einen Hut, als sie 1951 Tony Curtis heiratete. Sie ließen sich scheiden.

Eddie und Liz

Sogar Eddie Fisher trug einen Hut, als er 1959 Elizabeth Taylor heiratete. Und sie ließen sich scheiden.

Ich war nicht der Meinung, dass meine Tochter einen Hut tragen sollte.

Auch kein Diadem. Nur Miss America oder der Königin von England stehen ein Diadem zu.

»Kauf bequeme Schuhe«, riet ich meiner Tochter. Wenn einem die Füße wehtun, hilft es auch nicht, wenn man Prinz William heiratet.

Miss America

Elisabeth II.

Meine Tochter und ich waren so beschäftigt mit den Hochzeitsvorbereitungen, dass wir die Geschenke-Party vergessen hatten.

»Ist das wirklich nötig?«, fragte ich. Sie sah mich an – als ob mich der Blitz treffen solle.

Ich verbrachte eine ganze Menge Zeit damit, mich wegen Dingen schuldig zu fühlen, die ich zu ihr gesagt hatte. Sie wiederum sagt, dass ich sie immer dazu bringe, dass sie sich mir gegenüber schuldig fühlt.

Geschenke-Party?

Väter haben nie Schuldgefühle. Über Väter werden Fernsehserien gedreht wie *Vater ist der Beste*. Sie machen sich vielleicht Gedanken über ihre Leistungen im Bett, aber niemals über ihre Leistungen als Väter.

Ihr Vater, ein Mann weniger Worte, hatte nur eins zu all dem zu sagen, was um ihn herum vorging, aber das sagte er häufig: »Und was bezahlen seine Eltern?«

Die Freundinnen meiner Tochter rieten ihr, sich bei den Geschenkabteilungen der Luxuskaufhäuser eintragen zu lassen. Wir sahen uns Kristallgläser an. »Du wirst sie nie benutzen«, sagte ich ihr. »Kauf dir gute Töpfe.«

Als ich im Alter meiner Tochter war, eine Dreijährige mit dem Abfall in der Küche spielte, eine Zweijährige in ihrem Laufstall schrie und ein Säugling mir auf die Schulter sabberte, waren Kristallgläser das Letzte, was ich brauchte.

Wir sahen uns Silberbestecke an. »Komm, gehen wir zu den Staubsaugern«, sagte ich. »Ich wollte immer einen wirklich guten Staubsauger.«

»Ich bin nicht du«, sagte meine Tochter.

»Welche Pickles magst du?«, fragte mich meine Tochter.

»Ist das wirklich nötig?«, fragte ich sie. Ich hielt mich zurück, irgendetwas über Dritte-Welt-Kinder zu sagen, die in ihrem Leben noch nie auch nur eine Essiggurke gesehen hatten.

Ich dachte an meine Mutter. Ich kann noch heute ihre Stimme hören. »Iss! Iss! In Europa gibt es Kinder, die verhungern.«

Iss!

Als Kind war ich ein schlechter Esser. Was immer meine Mutter kochte, hasste ich.

»Iss! Iss!«, schrie sie in einem fort.

»Ich ess das nicht«, schrie ich zurück, verschüttete mit Absicht zufällig meine Schokomilch und brummte, »Hoffentlich trifft dich der Schlag.«

Zu seiner Mutter kann man so etwas sagen. Man fühlt sich zwar sein Leben lang schuldig, aber eine Mutter hört nie auf, einen zu lieben. Egal, was man sagt oder tut. Sogar, wenn man hofft, dass der Blitz sie erschlägt.

Niemand wird dich je so
lieben wie deine Mutter.
Nicht einmal dein Hund.

Immer häufiger sagte meine Tochter zu mir: »Mom, hör auf, mir zu sagen, was ich kaufen soll. Du weißt auch nicht alles.«

Im siebten Stockwerk von Bloomingdale's überkam mich genau neben den Limoges-Dosen eine plötzliche Einsicht. In meiner Jugend waren Eleanor Roosevelt und Shirley Temple meine Vorbilder. Als meine Tochter aufwuchs, waren Bette Midler und Cher ihre Vorbilder. Kein Wunder, dass wir verschieden waren.

Warum sollte meine Tochter so sein wie ich? Ich war ja nicht einmal selber so, wie ich sein wollte.

Eleanor

Bette

Keine Mutter gibt je gern zu, dass sie Unrecht hat. Keine Tochter kann je erwachsen werden, wenn ihre Mutter immer Recht hat.

Ich musste damit aufhören, meiner Tochter dauernd zu sagen, was sie tun sollte, und wie sie es tun sollte. Ich musste damit aufhören, den Abwasch zu machen, wenn ich sie in ihrer Wohnung besuchte.

Ihre schmutzigen Teller gingen mich wirklich nichts mehr an.

Nicht meine Sache

Eine Mutter ist für alles zuständig, wenn man noch klein ist.

Ich erinnere mich, dass mich meine Mutter, als ich vier war, dazu zwang, Leggings unter meinem Rock und Galoschen zu tragen, wenn es draußen kalt war.

Eines Tages, als es schneite, rannte ich aus dem Haus, bevor sie sie mir anziehen konnte. Am nächsten Tag hatte ich Fieber und einen schlimmen Husten.

»Siehst du«, sagte meine Mutter, »du hättest nicht ohne deine Leggings und deine Galoschen rausgehen, sondern auf mich hören sollen. Ich weiß, was gut für dich ist.«

Wenn du vier bist, hat deine Mutter normalerweise Recht.

Ich verstehe meine Mutter inzwischen besser. Ich denke immer, dass ich weiß, was für meine Tochter das Beste ist.

Hochzeiten können einem, genauso wie Töchter, Kopfschmerzen bereiten. Es gab so viel zu entscheiden. Meine Tochter wollte es so, der Bräutigam wollte es anders, ich wollte es so, die Schwiegermutter wollte es wieder anders. Ihre Freundinnen rieten ihr dies, der Hochzeitsplaner das – und dann war da noch Deirdre.

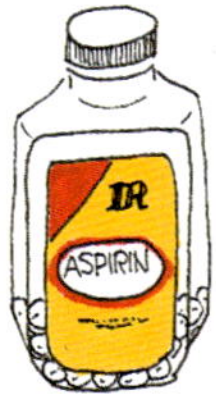

Welche Hochzeitstorte? Welches Menü? Welchen Fotografen? Nur Farbfotos oder auch in Schwarzweiß? Der Brautstrauß, die Bouquets der Brautjungfern, Knopflochblumen für die Herren, Tischgestecke, Farbüberlegungen, Platzkarten, Sitzordnungen, Musik, Geschenke für die Braujungfern und die Freunde des Bräutigams, Dankeskarten – alles wollte bedacht werden.

Musste Elizabeth Taylors Mutter jedes Mal durch all das durch, wenn ihre Tochter heiratete?

Wenn das erste Baby nur als zweites geboren werden könnte. Als unser erstes Kind auf die Welt kam, waren wir so aufgeregt, so stolz, so unerfahren, so ängstlich.

Wir feierten jeden Entwicklungsschritt unseres Babys. Kein Wunder, dass unsere älteste Tochter in der Meinung aufwuchs, dass die ganze Welt sich freuen würde, wenn sie auch nur nieste.

Wir konnten es kaum erwarten, ein zweites Kind zu bekommen.

»Wann kommt das neue Baby? Wann ist es so weit?«, fragte meine Tochter, wenn sie meinen dicken Bauch küsste.

Als ihre Schwester da war, brauchte es eine Woche, bis sie fragte: »Wann verschwindet das neue Baby wieder?«

Geschwisterrivalität hatte in unserem glücklichen Heim Einzug gehalten.

Sie fragte mich: »Wer ist deine Lieblingstochter? Wer ist deine allerliebste Lieblingstochter?« »Du bist meine liebste älteste Tochter«, pflegte ich zu sagen. »Deine Schwester ist meine liebste jüngere Tochter.« Ich hatte das in einem Buch gelesen.

Ich fragte meine Freundin Judy, ob es zwischen ihren Töchtern Geschwisterrivalität gebe. »Nein«, sagte sie, »sie mögen sich einfach von Natur aus nicht.«

Als der Hochzeitstag näher rückte, entfremdeten sich die Schwestern immer mehr. »Wenn ich auch nur noch eine Minute länger mit ihr über diese Hochzeit reden muss«, hörte ich ihre Schwester sagen, »erzähl ich allen, dass sie früher in der Nase gebohrt und die Popel in den Mund gesteckt hat.«

Geschwister

Meine Tochter und ich ließen uns beraten: Von Spezialisten für Hochzeitsmusik, Autoritäten für Champagner, Experten für Blumenarrangements. Ich hatte gedacht, dass man Experten nur bei Steuerproblemen oder Parodontose zu Rate zieht.

Bei einigen dieser Leute konnte man tagsüber keine Termine bekommen. Ich erinnere mich, dass ich die ersten beiden Stunden der Oscar-Verleihung im Fernsehen versäumte, weil ich mich mit einem Streichquartett treffen musste.

Streichquartett

Was haben fünf Mädchen – das eine klein, das andere groß, das dritte vollbusig, das vierte flach und das fünfte, das vor einem Monat ein Kind bekommen hat – gemeinsam? Ein Brautjungfernkleid, das jede von ihnen nicht ausstehen kann.

Meine Tochter wollte mit ihren Brautjungfern befreundet bleiben. Sie musste ein Kleid finden, in dem jede gut aussah, das sie auch weiterhin tragen konnten und das nicht zu viel kostete. Die Suche nach dem Heiligen Gral ist einfacher.

Brautjungfern

Besser als Donuts?

Fünfzehnhundert Dollar für eine Hochzeitstorte? Dafür könnte ich mein Leben lang Schokoladen-Donuts essen!

Ich hätte zu Hause bleiben und reich werden können, wenn ich mich auf Hochzeitstorten statt aufs Tippen spezialisiert hätte. Wer konnte das damals schon wissen?

Meine Großmutter sagte immer, sie hätte Coca-Cola-Aktien kaufen können, als sie noch fünfzig Cents kosteten. Wer konnte das damals schon wissen?

Ehen halten nicht immer, aber Fotos bleiben einem. Meine ganze Hochzeit kostete so viel wie das, was meine Tochter für Fotos ausgeben wollte.

In meiner Jugend machte Bradford Bachrach alle Hochzeitsfotos der Society, er fotografierte bei den Rockefellers und bei den Roosevelts. Ich erwähnte Bachrach meiner Tochter gegenüber. Sie dachte, er sei der Autor von *Alfie*.

Ich wollte, dass ich auf den Fotos gut aussah, ich wollte mein Gesicht nicht aus einer Aufnahme herausschneiden, wie ich es meistens tat. Ich las, dass Claudette Colbert sich nur von links, ihrer guten Seite, aufnehmen ließ. Ich habe keine gute Seite.

Ein Hochzeitsvideo? Wie könnte man dem widerstehen? Liebe – für immer auf der Leinwand festgehalten. Wir machten einen Termin mit einem Videofilmer. »Wollen Sie die *Harry und Sally*-Version? Wir könnten Liebesbriefe, ein wenig Material aus ihren Home-Videos und Gershwin-Songs einblenden. Oder etwas Formelleres wie ›Ihre gnädige Hoheit Grace Kelly heiratet Fürst Rainier‹? Vielleicht möchten Sie auch etwas Ernsthafteres, Dokumentarischeres?«

Ich erinnere mich, dass ich Rabattmarken sammelte und eine Super-8-Kamera erstand, um den fünften Geburtstag meiner Tochter zu filmen. Ton war nicht dabei. Meine Schwiegermutter kaufte uns den Projektor und die Leinwand. Beides blieb bei ihr.

Jedes Mal, wenn wir sie besuchten, um unsere Filme anzuschauen, sagte sie dasselbe: Shirley Temple konnte ihrer Enkeltochter nicht das Wasser reichen; Cecil B. De Mille hätte von ihrem Sohn noch eine Menge übers Filmemachen lernen können; und warum waren die beiden so dünn, was gab ich ihnen zu essen?

Süßer als Shirley Temple?

Als ich jung war, trugen die Damen zu besonderen Anlässen Orchideen-Korsagen. Ich fragte unseren Spezialisten für Blumenarrangements deswegen. Er sagte, Mamie Eisenhower sei vermutlich die Letzte gewesen.

Mamie

Ich fragte ihn, ob ich eine Gardenie im Haar tragen könne. Er sagte, ich sei eher der Typ Mamie Eisenhower als Billie Holiday und schlug eine einzelne Rose vor. Ich überlegte, ob ich ihn an Gertrude Stein erinnerte.

Billie

Ich?

Ich fragte, ob die Brautjungfern Sträuße aus Tausendschönchen tragen könnten. Er machte ein Gesicht, als hätte ich nach Löwenzahn gefragt. Nur Martha Stewart darf so etwas.

Man sagte uns, die richtige Musik sei das A und O einer Hochzeit.

Ich las eine Anzeige des Lester Lanin Orchesters: Sie hatten beim Empfang von Prinz Charles und Diana, dem des Herzogs und der Herzogin von York und dem von Billy Joel und Christie Brinkley gespielt. Ich rief an und fragte, ob sie jemals bei der Hochzeit eines Paares gespielt hätten, das zusammenblieb.

Eines Montagmorgens rief meine Tochter an. »Mom, warum hast du Deirdre gesagt, dass ich dich verrückt mache, dass die Hochzeit so langsam lächerlich wird und du dir wünschst, dass wir durchbrennen oder uns trennen?«

»Es war ein Witz«, sagte ich.

»Nein, das war es nicht«, sagte sie und legte auf.

Die Hochzeitsvorbereitungen brachten unsere schlimmsten Seiten ans Tageslicht.

Mütterliche Hingabe soll stärker sein als Superkleber. Es ist gegen die Natur zu sagen, dass die eigenen Kinder zu viel von einem verlangen. Aber Sie können jedermann, selbst der Kassiererin im Supermarkt, erzählen, dass Ihr Mann zu viel von Ihnen verlangt, keiner verzieht auch nur eine Miene.

Mutter zu sein war früher so einfach. Es brauchte nur eine Schachtel Mallomars oder irgendwelche anderen Süßigkeiten.

Ich wollte, dass meine Tochter glücklich war. »Na ja, wenn es dich glücklich macht«, sagte ich.

Ich sagte es, als es mir peinlich war, dass sie wochenlang nur ihr Halloweenkostüm im Kindergarten trug.

Genau wie Bo
(mit Zahnspange)

Ich sagte es, als sie ihr Haar wie Bo Derek flocht und ich wusste, dass sie auf den Perlen nicht schlafen konnte.

Ich sagte es, als ich mit dem College nicht einverstanden war, für das sie sich entschied.

Ich sagte es, als sie sich verlobte.

Es war gelogen. Was ich wirklich wollte, war, dass die Dinge, die mich glücklich machten, auch sie glücklich machten.

Zumindest war ich nicht wie meine Freundin Sheila. Jedes Weihnachten wieder mussten wir uns ihre Tochter im *Nussknacker* ansehen, weil Sheila einmal eine Ballerina werden wollte.

Eines Nachts wachte ich um drei Uhr auf, stieg aus dem Bett und schrieb meiner Tochter einen Brief.

Liebes,

bevor du auf die Welt kamst, wusste ich nicht, wie sehr ich einen Menschen lieben kann. Du wirst dieses Gefühl erst verstehen, wenn du dein eigenes Baby in den Armen hältst.

Ich habe Angst, dass du mich jetzt, da du verheiratet bist, nicht mehr brauchst. Ich habe dir geholfen, deine Trennungsangst im Kindergarten zu überwinden. Jetzt brauche ich dich, um über meine Trennungsangst hinwegzukommen.

Ich habe den Brief nie abgeschickt.

Ich fühlte mich so nutzlos. Ich hatte den Schritt von der ohnmächtigen Tochter über die ohnmächtige Ehefrau zur ohnmächtigen Mutter zu schnell vollzogen.

Ich war zu sehr mit Windelwechseln beschäftigt, um den *Weiblichkeitswahn* zu lesen. Ich war so sehr damit beschäftigt, wie Gloria Steinem auszusehen, dass ich keine Zeit hatte, sie zu lesen.

Frauen meiner Generation dachten, unsere Kinder seien unsere Karriere. Die meisten von uns wussten nicht, dass sie auch etwas anderes sein könnten. Als ich zwanzig war, wurde es einfach erwartet, dass man heiratete. Ich musste nie sagen: »Ich bin nur eine Hausfrau.«

Ich habe es nie bereut, keine Karriere zu machen. Mutter von kleinen Kindern ist man nur ein paar Jahre lang.

Aber heutige Mädchen wollen sehr viel mehr.

Und sie verlangen viel von ihren Müttern.

Es gab nie eine Mütterbewegung. Noch nie hat jemand daran gedacht, ein Gesetz einzubringen, das die unmöglichen Erwartungen verbietet, die Kinder ihren Müttern gegenüber haben.

Müttern steht kein Verteidiger zu. Vielleicht dachte Shakespeare an Mütter, als er schrieb:

Wenn ihr uns stecht, bluten wir nicht?
Wenn ihr uns kitzelt, lachen wir nicht?
Wenn ihr uns vergiftet, sterben wir nicht?

Vielleicht hätte Arthur Miller »Lasst sie bitte leben« über Mütter schreiben sollen.

Eines Nachmittags besprachen die Braut, der Bräutigam und ich das Hochzeitsmenü.

Als Hors d'œuvres waren unter anderem safranfarbene und schwarze Sesam-Crêpes vorgesehen, mit einem Gemüsecurry à la julienne gefüllt; geschmorter Thunfisch auf Pommes Soufflés, Hummermedaillons mit Kaviar, Taramasalata mit Pita-Brot, Rouladen aus geräucherter Entenbrust und Gänselebermousse.

Ich schlug vor, noch eine Platte mit Tabletten gegen Magenverstimmungen einzuplanen.

»Als dein Vater und ich im Haus deiner Großmutter in Queens heirateten«, sagte ich, »ließen wir uns Platten vom Deli kommen. Alle mochten es. Besonders dein Onkel Harold. Er hatte ein Auge auf die Mini-Hot-Dogs und erlaubte nicht, dass jemand mehr als drei davon aß.«

»Mom, willst du, dass ich Schweine im Schlafrock in unserem Wohnzimmer serviere?«

»Natürlich nicht, Liebes«, sagte ich. »Du bekommst alles in den falschen Hals. Ich hab mich nur erinnert.«

Der Bräutigam nahm die Hand meiner Tochter und küsste sie. »Sei nicht so empfindlich«, sagte er. »Deine Mutter hat es nicht so gemeint.« Ich fing an, diesen Jungen mehr und mehr zu mögen.

Ich wusste nicht mehr, wie ich mich meiner Tochter gegenüber verhalten sollte. Ich musste aufpassen, was ich sagte. Ich musste aufpassen, wie ich es sagte. Früher war sie in meinem Bauch. Jetzt ging ich ihr auf die Nerven.

Meine Tochter verstand nicht, dass die Nabelschnur, die uns neun Monate lang verbunden hatte, mit einem Garantieschein fürs Leben geliefert worden war. Dass ich, noch bevor das Original abgetrocknet und abgefallen war, eine andere geknüpft hatte.

Es gab keinen Körperteil meiner Tochter, den ich nicht kannte, den ich nicht gewaschen und geküsst hatte. Jetzt war sie irritiert, wenn ich ihr die Haare aus der Stirn strich.

Irgendwann einmal hatte ich meine Großmutter sagen hören: »Für eine fünfundneunzig Jahre alte Mutter ist ihre siebzigjährige Tochter immer noch ihr Baby.«

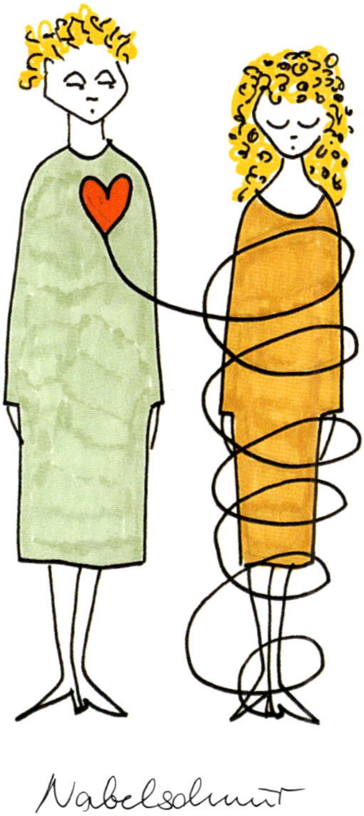

Nabelschnur

Meine Freundin Dora sagt, dass ich mich zu sehr mit meiner Tochter identifiziere. Vielleicht tue ich das. Wenn meine Tochter schlecht träumte, konnte ich nicht schlafen. Als sie die Windpocken hatte, juckte es mich. Wenn sie nieste, putzte ich mir die Nase. Wenn sie ihre Periode bekam, bekam ich Krämpfe.

Ich machte mir Sorgen über ihre Aufsätze, ihre Fahrprüfung, ihre Eignungstests, ihre Freunde, ihre Vorstellungsgespräche. Ich dachte, eine gute Mutter müsse so sein.

Meine Tochter sagt, dass sie mir nie die Wahrheit sagen kann, weil ich mir zu viele Sorgen mache.

Wenn sie mir erzählt, dass sie Probleme bei der Arbeit hat, mache ich mir Sorgen, dass sie kurz vor der Kündigung steht. Wenn sie mir erzählt, dass sie Probleme mit ihrem Verlobten hat, mache ich mir Sorgen, dass sie sich trennen. Sagt sie.

Ich kaufte mir ein Buch über Probleme zwischen Müttern und erwachsenen Töchtern. Ich las das erste Kapitel und machte mir Sorgen über alles, was ich falsch gemacht hatte.

Meine Tochter denkt, dass sie mich in- und auswendig kennt. Dass sie weiß, was ich sage, noch ehe ich es gesagt habe. Manchmal hat sie Recht.

Sie weiß, dass ich früher oder später immer eine Horrorgeschichte auf Lager habe.

Über ein Mädchen, das sich um ein Muttermal in ihrem Gesicht nicht kümmerte und Lepra bekam.

Über ein anderes Mädchen, das nach einer Party im East Village verschwand und Monate später als Opfer eines weißen Sklavenrings im Mittleren Osten wieder auftauchte.

Über Jean Harlow, die ihr Haar so stark bleichte, dass sie an einer Wasserstoffsuperoxyd-Vergiftung starb.

Aber ich habe meiner Tochter auch inspirierende Sachen erzählt.

Über die Cousine dritten Grades meines Dentalhygienikers, die ein großes Hollywoodstudio leitet und Warren Beatty persönlich kennt, obwohl in der Highschool alle dachten, sie sei eine Versagerin.

Über meine Nichte, die ein Haus in Greenwich kaufte und ein Kostüm von Armani zum halben Preis bei Loehmann's fand.

Über ein Mädchen, das in der Grundschule mit ihr zusammen bei den Brownies war, ihren Abschluss in Jura und Medizin in Harvard machte und alle ihre Psychiatrieprüfungen im selben Jahr bestand, in dem sie halbtags im Schuhladen von Kinney arbeitete.

Gleichzeitig einen Juristen und einen Arzt in der Familie – das muss man sich mal vorstellen!

Aber wer braucht schon einen Psychiater, wenn er eine Mutter hat?

Wenn es etwas gibt, was meine Tochter nicht braucht, dann ist es ein Psychiater. Weshalb sollte sie Geld zum Fenster rauswerfen, um mit einem Fremden zu reden, wo ich sie schon ihr ganzes Leben lang kenne?

Ich musste mich schließlich der Frage stellen, was ich bei der Hochzeit tragen würde. Brautmutterkleider über Größe 42 sehen aus, als wären sie für Frau Chruschtschow bestimmt. Aber ich konnte es nicht länger hinausschieben. Ich musste mich nach einem Kleid umsehen.

Ich überlegte mir, was Jackie O. tragen würde. Ich überlegte mir immer, was Jackie O. tragen würde, obwohl sie wie ein Bügelbrett aussah und ich eher wie ein Polstersessel.

Ich probierte etwas aus blassrosa-violett bedrucktem Chiffon, der aussah wie ein Entwurf von Monet. Ladybird Johnson hätte es gefallen. Ich sah aus wie eine Blumenwiese.

Ich probierte etwas aus türkisfarbenem Crêpe. Ich sah aus wie eine Krankenhauswand.

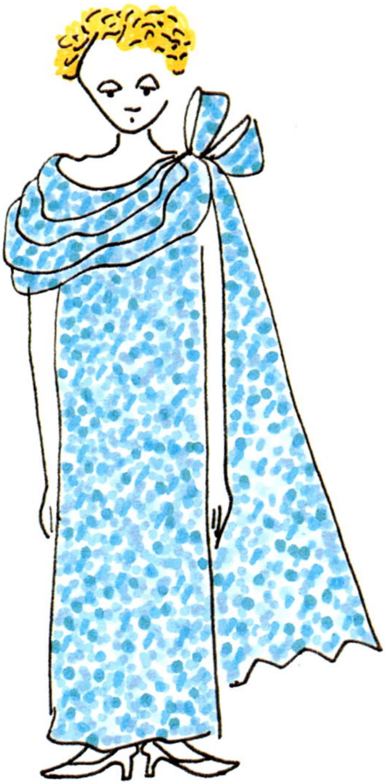

Ich probierte blaue Pailletten. Ich sah aus wie eine Aurora borealis.

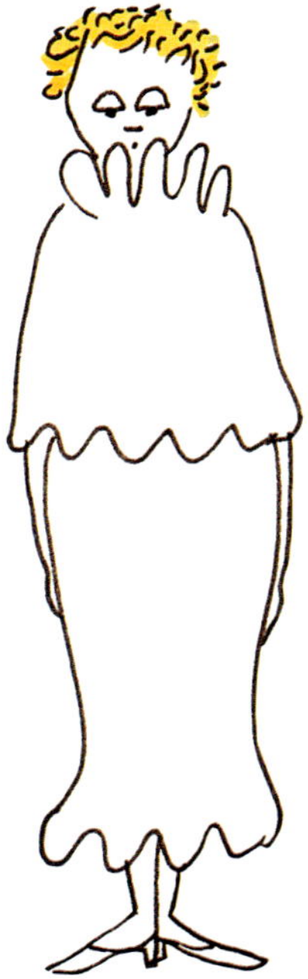

Hochzeiten ganz in Weiß waren in diesem Jahr in. Ich probierte ein weißes Moiré-Kleid an. Ich sah aus wie ein Mehlkloß.

Ich probierte grünen Samt. Ein Ausspruch von Rodney Dangerfield fiel mir ein: »Wenn dieses Kleid Taschen hätte, würdest du wie ein Billardtisch aussehen.« Das Kleid hatte Taschen.

Schließlich fand ich etwas. Es zeigte ein wenig Busen. Ich habe schon vor langem gelernt, dass keiner mehr irgendwo anders hinschaut, wenn man ein wenig Busen zeigt.

Sowieso interessiert es keinen Menschen, was die Brautmutter trägt.

Jeder erinnert sich an das Brautkleid von Prinzessin Diana, aber wer erinnert sich schon an das, was ihre Mutter anhatte?

Kein Mensch interessiert sich für die Mutter der Braut.

Ich habe mit meiner Tochter nie über die Vögel und die Bienen gesprochen. Sie wusste einfach Bescheid. Vermutlich hatte sie es von ihrer Freundin Sheryl. Mir hat auch keiner was von Vögeln und Bienen erzählt. Ich erfuhr es von meiner Freundin Babs.

Aber jetzt, da meine Tochter heiratete, dachte ich, dass ich ihr ein paar Ratschläge geben sollte:

> *Ein sexy Nachthemd im Bett ist wichtiger als ein sauberer Küchenboden.*
>
> *Mach deinem Mann häufig Komplimente. Selbst wenn kein Wort davon wahr ist, wird er dir glauben.*
>
> *Hab immer irgendwelche Reste im Kühlschrank, selbst wenn du sie kaufen musst.*

Ich wünschte, ich hätte meine Ratschläge befolgt.

Vielleicht hätte ich das sagen sollen, was meine Großmutter zu mir sagte. Nichts. Aber ich habe auch nie gesehen, dass meine Großmutter und mein Großvater sich küssten. Als ich aufwuchs, küssten sich die Leute nur im Film.

Die Generation meiner Tochter hatte allerdings über die Ehe auch völlig andere Ansichten als meine Generation. Die Unterschiede waren ungefähr so groß wie die zwischen mir und meiner Großmutter.

Meine Großmutter wollte Sicherheit. Ich wollte Liebe. Meine Tochter wollte Sicherheit, Liebe und überhaupt alles, worauf sie ein Recht zu haben glaubte.

Meine Tochter schlug vor, dass wir uns kurz vor der Hochzeit einen Tag in einem Schönheitssalon gönnen sollten. »Wir könnten uns massieren lassen, eine Maniküre und Pediküre machen lassen und uns entspannen«, sagte sie. Es fiel mir schwer, mich zu entspannen, als ich erfuhr, was unser Schönheitstag kostete.

Am Morgen vor unserem Schönheitstag schaute ich in den Spiegel. Ich brauchte mehr als einen Tag.

Braucht mehr als einen Tag...

Am Samstagabend vor der Hochzeit verkündete der Wetterdienst schönes Wetter. Sonntags wachten wir auf und es regnete.

Ich betrachtete mich im Badezimmerspiegel. Den Schönheitstag hätte ich mir schenken können.

Die Hochzeit war um vier. Wir wollten uns im Country-Club umziehen, weil es dort normalerweise ruhig war. Um zwei Uhr kamen wir an. Der Fotograf, die Floristin, die Videoleute, der Partyservice, die Mutter des Bräutigams, verschiedene Kinder, das Streichquartett und einige Tanten waren bereits da.

Ich hörte, wie jemand sagte: »Ich krieg meine Haare nicht hin«, und jemand antwortete: »Deine Haare sehen toll aus.« Die Brautjungfern waren eingetroffen.

Eine legte eine Kassette ein. Carly Simon sang: »You're So Vain«. Überall lag Mädchenzeug rum – Föhne, trägerlose BHs, Wimperntusche, Lipgloss, Strumpfhosen, Ohrringe, Tampons, Lidschatten, Haargummis. Überall roch es nach Mädchen – Haarspray, Zahnpasta, Mundwasser, Deo, White Linen, L'Air du Temps.

Die Brautjungfern tuschelten über das schlechte Wetter und versicherten der Braut, dass Regen Glück bedeute.

Ganz plötzlich war es Viertel vor vier. Ich sah zum Fenster hinaus. Der Regen hatte aufgehört.

Ich erinnere mich nicht daran, wie ich den Gang hinunterging, aber ich hörte, wie das Streichquartett »Here Comes the Bride« spielte, und ich sah, wie meine Tochter am Arm ihres Vaters durch die Kirche schritt.

Auf halbem Weg hob ihr Vater ihren Schleier und küsste sie auf die Wange. Der Bräutigam ging auf sie zu, nahm sie an der Hand, und dann gingen Braut und Bräutigam zusammen zum Altar.

Es war wie im Kino. Nur besser.

Meine Tochter war Aschenputtel, Schneewittchen, Grace Kelly, Audrey Hepburn und Jacqueline Kennedy. Nur besser.

Und der Mann an ihrer Seite *war* der Märchenprinz.

Meine Tochter und ihr Prinz

Die Zeremonie war vorüber, aber ich hatte kein Wort mitbekommen. Ich konnte nur noch daran denken, dass mein kleines Mädchen jetzt jemandes Frau war.

Ich erinnerte mich, wie ich einmal jemanden sagen hörte – ich glaube, es war in dem Film *As the World Turns* – »Die Tage vergehen so langsam, die Jahre so schnell.«

Jetzt stand ich neben meiner Tochter und hieß die Gäste willkommen.

Menschen mit bekannten und unbekannten Gesichtern hörten nicht auf, mir die Hand zu schütteln und mich auf die Wange zu küssen.

»Es ist alles so wunderschön«, sagten sie. »Und Sie sehen fantastisch aus.« Ich fing an, ihnen zu glauben. Ich fing an, mich wie ein Filmstar zu fühlen, elegant und gelassen wie Deborah Kerr.

Gratulation

Dann ging ich auf die Toilette und sah mich im Spiegel. Überall im Gesicht hatte ich Lippenstift von den Küssen, und meine Wimperntusche war verschmiert.

Das Leben ist nie wie im Kino.

Die Empfangsreihe schob sich langsam weiter.

Dann ging alles plötzlich ganz schnell – Champagnertoasts, Dinner, Tanz. Ich hatte das Gefühl, einem der MTV-Videos zuzuschauen, in denen zwanzig Jahre in zwanzig Sekunden ablaufen.

Ich sah mich nach meinen Verwandten um.

Zu glauben, dass Tante Sarah auch nur irgendetwas gefallen würde, war ein Fehler gewesen. Nicht nach vierzig Jahren Ehe mit meinem Onkel Harold. Der Tisch, an dem sie saß, passte ihr so wenig wie die Hors d'œuvres. Sie fragte mich, weshalb mir die Haare in die Augen hingen und weshalb mein Kleid einen so großen Ausschnitt hatte.

»Wenn du über niemanden etwas Gutes sagen kannst, setz dich neben mich«, sagte Alice Roosevelt Longworth vor langer Zeit. Sie muss es von meiner Tante Sarah haben.

Meine Tante Betty meinte, dass die Band zu laut sei. Ihr Mann beklagte sich, dass sie keine Rumbas spielten. Cousine Ann schmeckte das Huhn nicht. Ihr Mann stimmte zu und sagte, dass die Portionen zu klein seien. Rose und George meinten, sie gehörten an einen besseren Tisch. Die Leute an ihrem Tisch wollten an einen besseren Tisch.

Die Familie

Ich nahm einen Schluck Champagner. Fünf Minuten lang fühlte ich mich wundervoll, dann dachte ich an die Zeit nach der Hochzeit. Mein Schwiegersohn würde meiner Tochter Mallomars schenken, nicht ich.

Was sollte ich tun? Auf was konnte ich mich freuen? Die Ehe meiner Tochter fing gerade erst an, meine fing an zu kriseln. Sie hatte Babys, auf die sie sich freuen konnte. Ich hatte Haare am Kinn und Kalziummangel vor mir.

Ich dachte daran, wie es wäre, Großmutter zu sein. Unmöglich.

Großmütter kochten Hühnersuppe und strickten Pullover. Ich konnte weder das eine noch das andere.

Ich war die Mutter. Wie konnte mein Baby ein Baby bekommen?

Noch nicht

Jemand sagte einmal – ich glaube, es war in *Chicago Hope* – »Eine Frau hat Töchter, damit jemand sie braucht.« Erst wenn sie älter wird, weiß sie, wie sehr sie ihre Töchter braucht.

Kurz vor Ende der Hochzeit trat meine Tochter ans Mikrophon. Sie sagte mit sanfter Stimme: »Statt den Brautstrauß in die Menge zu werfen, möchte ich ihn meiner Mutter schenken und ihr dafür danken, dass sie immer für mich da war.«

Sie hatte Tränen in den Augen. Ich auch.

Nichts ist einfach. Nicht einmal das Glück.

Vier Stunden später

Ein Jahr lang hatten wir eine Zeremonie geplant, die zwanzig Minuten dauerte, und einen Empfang, der nach vier Stunden vorbei war. Aber ich würde es ohne zu zögern wieder tun.

Als Schwiegermutter wurde ich zu einem Wesen, das nichts Böses sieht, nichts Böses hört, nichts Böses sagt.

Und ich machte noch andere Veränderungen durch. Ich nahm die Pfunde wieder zu, die ich verloren hatte, und ich setzte alle Hochzeitsrechnungen auf Kreditkonten mit niedrigeren Überziehungszinsen.

Die perfekte Schwiegermutter

Drei Monate nach der Hochzeit schickte meine Tochter immer noch Dankschreiben für ihre Geschenke ab.

Das schönste Geschenk, das ich je bekam, war meine Tochter. Vielleicht hätte ich ihr ein Dankschreiben schicken sollen.

Trotz allen Ärgers, aller Sorgen, aller Kopfschmerzen, aller schlaflosen Nächte ist das Beste in meinem Leben, dass ich eine Mutter bin.

Fünf Monate nach der Hochzeit waren die Bilder fertig. Als ich sie mir ansah, hatte ich nicht den Eindruck, dass ich so schlecht aussah, wie ich befürchtet hatte – aber ich sah auch nicht so gut aus, wie ich gehofft hatte.

Eins der Bilder von meiner Tochter und meinem Schwiegersohn steckte ich in einen Goldrahmen und stellte es auf meinen Couchtisch. Der Rahmen war ein Hochzeitsgeschenk, das meine Tochter nicht mochte. Ich mochte ihn auch nicht besonders.

Meine Tochter wird nächsten Juni ihren sechsten Hochzeitstag feiern und hat nun selbst zwei Töchter.

Ich habe statt ihres Hochzeitsfotos ein Bild meiner Enkeltöchter aufgestellt – in einem neuen Rahmen.

Eines Tages wird meine Tochter, wenn sie Glück hat, selbst Mutter der Braut sein.

In der Zwischenzeit halte ich Ausschau nach ein paar Märchenprinzen.